LETTRE

AU ROI.

IMPRIMÉ CHEZ PAUL RENOUARD,

RUE GARENCIÈRE, N° 5, F. S.-G.

LETTRE

AU ROI

SUR

LA NOMINATION AUX EMPLOIS,

AUX FONCTIONS, GRADES, MAGISTRATURES CIVILES
ET MILITAIRES,

ET SUR

LES RÉCOMPENSES PUBLIQUES.

PARIS.

DELAUNAY, PALAIS-ROYAL.

H. C. LANGLOIS, RUE DES GRÉS, N° 10.

———

MAI 1831.

LETTRE

SUR

LA NOMINATION AUX EMPLOIS,

AUX FONCTIONS, GRADES, MAGISTRATURES CIVILES
ET MILITAIRES,

ET SUR

LES RÉCOMPENSES PUBLIQUES.

> « Soit que le roi ait à choisir un magistrat
> « ou un pontife, qu'il ne cède pas à la prière,
> « à la séduction ; mais que, suivant l'antique
> « usage, il affiche publiquement le nom du
> « pontife et du juge, et qu'il écoute l'opinion
> « et les discours de tout le monde. »
>
> *(Le chancelier de l'Hospital.)*

SIRE,

C'EST aux acclamations universelles d'un grand
peuple que Votre Majesté a franchi les marches
du trône ; et la patrie, en proie à de longues
souffrances, ébranlée par les factions et l'anarchie,

1

épuisée enfin par des guerres désastreuses et par de monstrueuses dilapidations, se repose avec sécurité du soin de cicatriser toutes ses plaies sur les lumières et les vertus du monarque qu'elle est fière d'avoir choisi. Hé! que ne doit-elle pas espérer de l'homme généreux qui, aux jours du malheur et de la proscription, Français avant tout, eut le courage de languir dans l'obscurité plutôt que de mendier les secours de l'étranger; que ne doit-elle pas attendre du prince éclairé que la corruption des cours et le poison de la flatterie trouvèrent toujours inaccessible; du philanthrope qui, placé au faîte de la grandeur, n'a point oublié qu'il est homme, et que le premier devoir d'un roi est de se dévouer au salut de la patrie et au bonheur de ceux dont la destinée lui fut confiée.

Sire, parmi les maux que Votre Majesté est appelée à guérir, au nombre des plaies qu'elle doit cicatriser, vient se placer au premier rang cette funeste avidité d'honneurs, d'emplois et d'argent; cette effrayante ambition, dont l'ardeur insatiable consume toutes les classes de la société, affaiblit, éteint, anéantit l'amour de la patrie avec tous les sentimens généreux.

Cette lèpre dévorante, née du sein des prestiges de la gloire, de l'éclat des triomphes et du luxe impérial, a atteint par degrés jusqu'à ces hommes vertueux et modestes, dont les nobles efforts s'étaient trouvés, aux jours des dangers de la patrie, suffisamment récompensés par les palmes civiques, et a fini par envahir tout le corps social sous le machiavélisme et les ineptes déceptions du gouvernement déchu, gouvernement qui se faisait un jeu de violer les droits les plus sacrés, soit pour récompenser de lâches amis, soit pour avilir cette grande nation à la hauteur de laquelle il n'avait pu s'élever.

Dans ces jours de funeste mémoire, pendant cette période honteuse et si malheureusement nommée restauration, nous avons vu le mérite modeste repoussé; les actes de patriotisme et d'esprit public devenir un titre de proscription; le sang versé pour la patrie et les cicatrices les plus honorables être comme un sceau de réprobation; la science, le talent, la loyauté, la bonne foi, toutes les vertus publiques et sociales enfin, honnies et persécutées.... Et dans le même temps les récompenses étaient prodiguées à la bassesse et à l'immoralité; des primes étaient offertes à la fraude et à l'impudeur; les emplois de tous les genres, les fonctions de l'ordre administratif et judiciaire, et les grades militaires devenaient la proie de l'intrigue et de la cupidité; les distinctions du courage et de l'honneur étaient accordées à la trahison et à la lâcheté, et l'on accueillait

même avec bienveillance ceux qui ne rougissaient
pas de produire au grand jour comme des titres
éclatans aux faveurs de l'état, les actions les plus
odieuses et les plus basses; les faits les plus vils
et les plus criminels........ Tous les excès ont été
commis, et ces excès ont porté leurs fruits. Un
relâchement général s'était introduit dans l'exercice des fonctions publiques; un découragement
profond avait saisi le petit nombre d'officiers et
de magistrats qui, doués de délicatesse et d'honneur, avaient échappé à ce grand naufrage de la
morale et de la justice..... La fortune publique
en a souffert de graves atteintes; tous les ressorts
de l'état se sont trouvés détendus.

Ah! Sire, combien est funeste et déplorable
cette erreur des princes qui follement imaginent
se faire un grand nombre de partisans, acquérir
un grand nombre de soutiens pour le trône, en
répandant sans discernement et sans mesure
toutes les faveurs du pouvoir; en prodiguant sans
retenue, les emplois, les distinctions et toutes les
ressources de l'état. Eh! comment ne voient-ils
pas que ces êtres dégradés qui se hâtent d'accourir
pour entourer le char du vainqueur, et qui n'at-
tendent leurs succès dans la carrière où ils sont
entrés, que des sollicitations et de l'intrigue, sont
presque toujours des hommes sans talens et sans
loyauté, que l'égoïsme seul domine, dont l'avidité

est insatiable, et que dès-lors rien ne saurait être aussi fragile que leur appui. Ils restent dans l'ombre aux jours du danger, et ils ne manquent jamais de passer dans les rangs ennemis du moment où ils en espèrent de plus grands avantages. N'inspirant ensuite que le plus profond éloignement, et dès-lors sans influence dans l'état, quel genre d'appui pourraient-ils prêter au souverain qui les combla de ses faveurs? Mais un mal non moins funeste, c'est que les distinctions, l'avancement, les récompenses prostituées à des hommes sans droits ou méprisés, sont pour l'ordinaire considérés par ceux que leurs services et leurs talens en ont rendus dignes, comme un bien qu'on leur ravit injustement. Le souverain s'est donc aliéné le cœur d'un grand nombre de citoyens vertueux, pour acquérir le frêle appui d'un homme sans honneur et sans capacité, et il a fait ainsi dépendre sa force du petit nombre et de la portion la moins influente dans l'état; lorsqu'il lui eût suffi d'être impartial et juste pour gagner l'affection non - seulement de tous ceux qui avaient droit aux récompenses, mais encore de la masse entière du peuple.

Sire, la prévarication qui s'introduit dans la distribution des emplois, des magistratures, grades et honneurs militaires, et de toutes les récompenses publiques, est le plus grave des maux qui puisse accabler un état. Elle détend en effet les liens du corps social, soit en jetant dans les diverses classes de fonctionnaires civils ou militaires un découragement profond, soit en entraînant dans une démoralisation déplorable les citoyens de tous les rangs; mal bien plus pernicieux sans contredit que la concussion qui ne porte qu'un dommage passager à la fortune publique; tandis que la prévarication atteint pour les empoisonner toutes les sources de la morale et de l'honneur, et anéantit sans retour tout sentiment de patriotisme et de vertu. De là, un égoïsme profond qui porte chacun des membres de la famille à ravir ce qu'il sait bien ne lui point appartenir; car combien ne serait-il pas difficile de trouver aujourd'hui des hommes fidèles à ce principe de vertu, qui défend d'accepter ce qu'on sait être dans les droits de son semblable?

Allons plus loin. Telle est la subversion de principes occasionée par les idées dominantes; tels sont les progrès effrayans de la démoralisation déjà signalée, que des fonctionnaires, des magistrats même d'un rang éminent, qui se croiraient déshonorés à jamais par le simple soupçon d'une atteinte, même légère, aux lois de la probité, ne craignent cependant pas de donner journellement de funestes exemples de prévarication plus ou moins graves, lors de la présentation aux emplois publics qui se trouve dans leur domaine, et que des hommes placés sur les premiers degrés de l'échelle sociale, ne se font aucune espèce de scrupule d'employer tous les moyens qui sont en leur pouvoir, d'abuser de leur influence et de leur crédit, en sollicitant, en faisant obtenir pour eux ou leurs protégés, des faveurs auxquelles ils savent n'avoir aucun titre, bien qu'ils ne puissent ignorer que ces faveurs tournent au détriment de ceux qui les ont méritées par leurs services et leurs talens ; que c'est, en un mot, selon l'expression du philosophe de Genève, de la bourse du voisin qu'ils cherchent à s'emparer. (1)

Ah ! si ces hommes cupides ne se laissaient pas entraîner par un funeste égarement, si quelquefois ils rentraient en eux-mêmes pour se représenter tous les maux qu'ils causent à la patrie ; s'ils prenaient la peine de réfléchir à l'amertume, au désespoir de tant de pères infortunés à qui l'on vient ravir ces secours de l'état sur lesquels ils croyaient pouvoir compter pour le soutien de leurs familles ou l'éducation de leurs enfans :

---

(1) Si l'on vous donnait la bourse de votre voisin, que vous sauriez lui avoir été dérobée, serait-il fort délicat de la prendre ? *Emile*, liv. III.

combien ils seraient loin de s'applaudir du succès
de leurs intrigues...... Si d'un autre côté les conseillers du trône mesuraient toute l'étendue des
maux qui résultent de leur faiblesse ou de leur
légèreté; s'ils ne voyaient pas avec trop d'indul-
gence des actes qui portent tous les caractères
de la prévarication ; s'ils cessaient enfin de considérer comme un privilège inhérent à leur posi-
tion, le droit d'accorder des places, de l'avancement et des distinctions à leurs parens ou à leurs
amis, au préjudice même de ceux dont les droits
sont évidens, peut-être s'arrêteraient-ils devant
les réclamations auxquelles ils donnent lieu de
toutes parts... Que ne prennent-ils pour modèle
ce vertueux législateur répondant à la demande
d'une sous-lieutenance qui lui était adressée par
son fils : « Prends un mousquet et va gagner ce
« que tu pourras; je ne suis point ici pour faire
« les affaires de ma famille et l'avancer au pré-
« judice des autres. » (1)

Qui n'eût pensé, Sire, que du sein de cette
glorieuse régénération politique, où le peuple

---

(1) Biographie des contemporains, t. xx, p. 204, mot *Viennet.*
Pourrait-on citer beaucoup de ministres qui aient eu ce vertueux désintéressement ou plutôt cette sévère droiture ?

français s'est surpassé par tous les genres d'héroïsme, où le plus inouï des triomphes et la plus étonnante des révolutions se sont accomplis par une bravoure éclatante associée au plus noble désintéressement; où enfin Votre Majesté s'est élevée au-dessus de tous les princes de son siècle en se mettant à la tête des défenseurs de la cause du peuple et de l'humanité : qui n'eût pensé, dis-je, que c'en était fait pour jamais de cet odieux système de machinations, et espéré de voir renaître aussitôt toutes les vertus publiques et privées; le patriotisme, le désintéressement succéder à cette effrayante subversion de tous les principes de la justice! Mais le mal avait pénétré trop avant dans le corps social, pour que sa guérison pût être l'ouvrage d'un seul jour; aussi a-t-on vu avec la douleur la plus profonde se renouveler presque tous les scandales de la première restauration; scandales qui, pour être moins déplorables, puisque cette fois du moins les sollicitations et la cupidité ne s'appuyaient pas sur la fraude, l'impudeur et la trahison, n'ont pas moins attristé tous les vrais amis de la patrie.

Ce qu'il y a de plus déplorable encore, c'est que ces scandales ont été donnés, non pas seulement par des citoyens obscurs, que souvent le besoin seul fait agir, et qui pourraient trouver dans leur infortune quelques excuses pour leur importunité, mais encore par beaucoup d'hommes signalés à la reconnaissance publique par leur dévoûment à la cause de la France, et qui n'ont pas craint, dans cette éruption désordonnée de toutes les ambitions, de rabaisser leur gloire en abusant de l'influence qui leur était justement acquise, pour arracher aux conseillers de Votre Majesté, en faveur de leurs protégés, des avantages qui n'étaient nullement mérités.

C'est ici le lieu de reconnaître l'absence et l'impérieuse nécessité de règles précises, de lois positives pour assurer, garantir, d'une manière invariable, les droits de chacun aux avantages, aux distinctions accordées par l'état, et à toutes les récompenses publiques; pour arrêter le cours de toutes les intrigues, et opposer des barrières insurmontables au torrent de la faveur.

Sire, le pacte social, fruit du temps et de la civilisation, conquis au prix d'immenses sacrifices, racheté par le sang de milliers de victimes, ce pacte dont Votre Majesté a juré l'observation et qui, selon les nobles expressions sorties de son âme patriotique doit désormais être *une vérité*, la Charte, en proclamant l'égale répartition des charges entre les Français, a proclamé aussi l'égalité des avantages; elle veut que les Français soient tous égaux devant la loi; qu'ils soient tous également admissibles aux emplois civils et militaires, et par conséquent aux avantages et aux distinctions qui y sont attachés. Voilà les principes de souveraine justice et de haute morale dont il appartient à Votre Majesté d'empêcher la violation : ce sont là ces germes féconds en vertus publiques et sociales, qui, semés sur la terre de la liberté dès l'aurore de notre glorieuse révolution, enfantèrent tous ces prodiges qui ont étonné le monde! Mais bientôt comprimés par l'égoïsme dans des vues étroites d'ambition personnelle, ensuite étouffés et presque anéantis par de vieux préjugés et dans des vues odieuses d'asservissement, cette source abondante des actions généreuses a disparu pour faire place à un arbitraire effrayant dans la distribution des récompenses de la patrie. Voilà, dis-je, les germes féconds en vertus patriotiques et privées, dont Votre Majesté doit assurer le développement par tous les moyens que l'état a mis en sa puissance.

Mais, objectera-t-on, la Charte, en consacrant ces avantages, a confié au roi seul le droit de la nomination à tous les emplois; de lui seul doivent dès-lors émaner toutes les récompenses; il est la source de toutes les distinctions comme il est la source de toute justice... vouloir limiter l'action de ce droit, c'est porter atteinte à la prérogative royale, et par conséquent au pacte qui l'a consacrée.

Sire, au nom de la patrie repoussez comme un présent funeste, comme le plus pernicieux héritage de l'ancienne monarchie, ce triste privilège. Il n'est bien souvent que celui de comprimer l'affection des bons Français ; de répandre l'amertume au sein de ceux qui ayant bien mérité de vous et de l'état, se voient tous les jours, dans la carrière qu'ils ont embrassée, heurtés, foulés aux pieds par l'intrigue, l'égoïsme et l'incapacité.

Si du moins cette prérogative ne devait être exercée que par vous ; s'il était possible que le prince dont s'honore la France, que le père du peuple pût embrasser, apprécier d'un coup-d'œil tous les droits acquis par une multitude immense d'employés, de fonctionnaires, de magistrats et d'officiers, nul doute qu'il ne fût le meilleur juge de ces droits, le dispensateur le plus équitable des récompenses méritées par les enfans de la grande famille... si du moins encore l'exercice de ce droit ne devait pas sortir de la main de vos conseillers intimes, agissant sous l'inspiration immédiate du meilleur des rois, l'état aurait quelques garanties contre ces prévarications si déplorables en elles-mêmes et par leurs conséquences.

Mais il ne saurait en être ainsi; et les ministres de Votre Majesté, dont la présence au pouvoir est d'ailleurs quelquefois tellement passagère, qu'à peine ont-ils le temps de prendre une connaissance très superficielle des hommes et de leurs titres; les ministres eux-mêmes, accablés sous le poids d'une machine immense, absorbés par les discussions parlementaires, par des projets, des travaux, des comptes, et une correspondance inépuisable, sont dans l'indispensable nécessité de s'en rapporter, pour les choix, à des directeurs ou chefs de division; ceux-ci, par suite des mêmes causes, se remettent de ce soin à de simples chefs de bureau; par conséquent, ce sont ces derniers qui, pour l'ordinaire, exercent cette prérogative qu'on nomme royale, et qui n'est pas même la prérogative ministérielle. (1)

---

(1) Comment s'empêcher de reconnaître toute l'influence des bureaux sur les nominations, quand on se rappelle qu'un guerrier illustre, non moins éminent par l'éclat de sa carrière militaire que par ses lumières et sa rigoureuse droiture, marqua son début au ministère dans les premières années de la restauration par un travail d'organisation portant l'empreinte de la plus révoltante partialité. Hé ! qu'on ne pense pas que ce soit ici une opinion isolée ! Il n'y eut qu'un seul cri dans l'armée pour frapper ce travail de réprobation, à tel point que ceux que l'on présumait y avoir mis la main, repoussèrent depuis comme calomnieuse une semblable imputation, à tel point encore, qu'on chercha dans la

Mais, objectera-t-on encore, les ministres, avant de faire des propositions, les directeurs ou chefs de division, avant d'indiquer à ceux-ci les citoyens qui doivent être nommés au choix, ne manquent pas de se faire représenter les dossiers de ceux en faveur desquels les propositions sont faites. Hé! qui ne voit que cette garantie est encore illusoire, qu'il y a impossibilité pour le ministre et pour les chefs de division eux-mêmes d'examiner en détail tous les dossiers pour apprécier d'une manière convenable tous les documens, tous les titres qu'ils contiennent; que s'ils peuvent s'assurer que celui qu'on leur présente a en effet des droits, ce ne serait qu'avec une difficulté extrême qu'ils pourraient se convaincre que d'autres n'en ont pas de meilleurs, et que, dès-lors, on se trouve réduit à juger sur les extraits fort sommaires de

suite à le *replâtrer* par mille moyens, sans pouvoir y parvenir; et qu'enfin un des successeurs de ce ministre le refît sur des bases toutes différentes. Mais, chose bien étrange et qui confirme de plus en plus nos observations sur la fatale influence des bureaux! sous le nouveau ministre, et malgré sa déclaration de principes, qui, à toutes les lignes, respire l'amour de l'ordre et de la plus impartiale justice, le second travail destiné à réparer toutes les monstruosités du premier fut comme celui-ci, entaché d'un grand nombre de dispositions iniques.

ces dossiers qui sont donnés par les chefs de bureau. Or, dans ces exposés, sans pouvoir être taxés de partialité, il est mille moyens pour ces derniers de faire ressortir avec avantage tels services, tels actes ou telle mission ; de préconiser tel travail ; de faire porter enfin le choix sur celui qui leur aura été recommandé. Car c'est près des chefs de bureau, directement chargés des personnels, que, pour l'ordinaire, les solliciteurs affluent ; c'est là que sont dirigées, pour ainsi dire, toutes les batteries, qu'on fait jouer tous les ressorts de l'intrigue, surtout quand il n'est question que d'emplois, de fonctions, de grades d'un ordre secondaire. Comment donc un simple employé, dont la place est subordonnée à mille vicissitudes, fût-il consciencieux, pourra-t-il résister aux sollicitations qui souvent lui sont adressées directement ou indirectement par des personnages d'un rang élevé. Tantôt un intermédiaire le vient assurer que M. le duc ***, que M. le maréchal ***, ou M. le pair de France *** s'intéressent à tel ou tel individu ; qu'ils verront avec plaisir et reconnaissance qu'on fasse telle ou telle proposition en sa faveur. Tantôt ce seront ces personnages qui s'abaisseront à jouer eux-mêmes le triste rôle de solliciteurs, et auxquels le simple chef de bureau, tout ébloui de l'honneur qu'on veut bien lui faire, n'aura rien de plus pressé que d'accorder tout ce qu'on lui demandait (1). Qui ne sait aussi quelle est la malheureuse influence, dans cette grande arène des cabales et de l'intrigue, de ce sexe né pour tous les genres de séduction.

Par un abus non moins funeste, on ne manque jamais, dans les rapports, et c'est même le sujet d'ordres positifs, de citer le personnage qui appuie tel officier ou employé, dès-lors le concurrent consciencieux et modeste qui, ne se confiant que dans son zèle, son activité et ses talens, a dédaigné de semblables moyens, est bien vite sacrifié au compétiteur beaucoup

____

(1) Nous tenons d'un ancien chef de bureau d'un ministère, homme consciencieux, qu'on y avait chargé des détails d'un personnel, que, voulant dès son entrée en fonction s'éclairer sur le mérite et les services des employés dont il avait la direction, il consulta avec le plus grand soin et la plus minutieuse attention les notes qui existaient sur chacun d'eux, ainsi que le registre de leurs services, et qu'il fut dans une surprise extrême quand il reconnut que l'avancement prématuré de beaucoup de ces employés n'était en aucune façon justifié par ces notes ou documens; ce qui, dans la droiture de son âme lui paraissait une énigme. Il en trouva bientôt la solution, lorsque, recourant aux dossiers particuliers, il acquit la preuve que tous ces privilégiés étaient liés par un degré de parenté plus ou moins rapproché avec des hommes de la haute administration, ou bien qu'ils avaient été fortement appuyés par des personnages du premier rang.

moins méritant, mais marchant sous la tutelle , d'un personnage influent.

Hé quoi! poursuit-on : vous voulez que le gouvernement s'impose des entraves dans le choix de ses agens? Les ministres ne sont-ils donc pas responsables? et outre que la prérogative, conférée par l'art. 13 de la Charte, constitue un droit sans limites, ce droit n'est-il pas dans la nature même des choses? Ne tombe-t-il pas sous les sens que celui sur qui pèse toute la responsabilité de l'exécution doive jouir de la plus grande latitude dans le choix de ses moyens?

Mais, d'abord, à cet article 13, ne pourrait-on pas opposer l'un de ceux qui le précèdent, et qui rend les Français également admissibles aux emplois civils et militaires : avantage évidemment illusoire du moment où, sans aucune espèce d'entrave, les ministres pourront choisir qui bon leur semblera, repousser à leur gré ceux à qui des études préliminaires ou de longs services auront donné le droit d'être admis dans ces emplois et d'y obtenir des distinctions.

Examinant ensuite la nature de cette responsabilité, et les garanties qu'elle offre à la chose publique, on y trouve bien, à la vérité, une garantie morale. Car les hommes éminens par leur caractère ou leurs talens, que le souverain investit de sa confiance, feront, on ne peut en douter, tous leurs efforts pour répondre à cette haute distinction. Mais on ne saurait y découvrir de garantie pour les intérêts matériels de l'état ou des particuliers. En effet, les ministres sont responsables des ordres qui seraient contraires aux lois de la monarchie; ils le sont encore de l'inexécution de ces lois, du défaut de mesures à prendre dans des cas urgens. Mais, hors ces cas, s'il y a malversation chez leurs agens, c'est à ceux-ci qu'on s'adresse, et, si leur fortune ne suffit pas pour réparer le mal qu'ils ont commis, c'est le trésor public et non point les ministres qui le supportent. S'il y a négligence ou incapacité dans un des chefs de l'administration des provinces ou de l'armée, ce ne seront pas les ministres, mais les particuliers ou bien encore les trésors de l'état qui supporteront le dommage causé par les chefs de leurs choix : témoin les millions si scandaleusement dilapidés dans la déplorable guerre d'Espagne. Si enfin des magistrats viennent à prévariquer dans l'exercice de leurs fonctions, et que la ruine d'un particulier en soit la suite, ces magistrats subiront peut-être la peine réservée à leur crime, mais le particulier n'en restera pas moins ruiné si leur fortune ne peut suffire à la restitution du dommage.

La responsabilité que l'on oppose est donc insuffisante, ou au moins illusoire en quelque sorte, quant à la garantie des intérêts matériels, et elle ne saurait suppléer au défaut de lois positives dont la nécessité devient de plus en plus évidente.

Du reste, il n'est nullement question ici de ravir au trône de Votre Majesté l'un de ses ornemens, d'enlever à la couronne l'un de ses fleurons les plus brillans; mais seulement de rendre l'exercice de sa prérogative plus saint aux yeux de la nation, plus salutaire et plus avantageux au prince et à la patrie; au prince, en le défendant contre des sollicitations et des manœuvres qui pourraient le faire errer dans ses choix; à la patrie, en lui garantissant que tous les sacrifices qu'elle s'impose tourneront à son avantage; il est seulement question, en dernière analyse, de faire jaillir en quelque sorte de cette prérogative une source intarissable de bénédictions pour le souverain, de justice et de bienfaits pour tous; et d'empêcher qu'elle ne puisse jamais être un sujet d'amertume pour celui qu'on prive injustement de ses droits.

Pour atteindre ce but de la plus haute importance, il est indispensable de faire des lois qui nous procurent un abri contre la versatilité administrative, contre les caprices de l'arbitraire, l'influence du rang et de la fortune, et tous les prestiges du pouvoir...; des lois qui pour toutes les carrières, finances, régies, magistratures judiciaires et administratives, grades militaires et décorations, enfin pour tous les emplois salariés par l'état, et pour tous les degrés à parcourir dans ces carrières, déterminent les conditions d'âge, de capacité, d'instruction, de moralité et de services, soit pour y être admis, soit pour y obtenir des distinctions. Ces lois, dont l'immortel Mirabeau avait conçu le premier l'idée (1), ne doivent pas être restreintes aux dispositions vagues de celle du 10 mars 1818, qui se borne à exiger, pour l'avancement au choix dans l'armée, un tel nombre d'années de service dans le grade inférieur; dispositions qui n'arrêtent nullement le cours de la faveur. Mais elles doivent consacrer un mode de présentation, un mode pour la formation des tableaux d'avancement, qui puisse garantir au prince que le choix sera nécessairement fait parmi les plus dignes, et préserver toutes les carrières de cet arbitraire, source de désespoir pour l'homme véritablement

______

(1) Séances de l'assemblée constituante, des 10 et 15 décembre 1789.

dévoué aux intérêts de son pays, véritablement attaché à ses devoirs et à la carrière qu'il a embrassée, ne cherchant enfin d'autres distinctions que celles qui peuvent être avouées par l'honneur.

Le mode de présentation à Votre Majesté qui nous paraîtrait le plus avantageux serait celui qui résulterait, soit d'examens et concours publics, entourés du plus grand appareil, soit de l'élection par les pairs, dans toutes les carrières où ces modes d'admission et d'avancement seraient praticables; et telle est au moins l'élection par les pairs, puisqu'elle avait été consacrée par une loi, celle du 14 prairial an III, loi dont le principe fut respecté même sous le despotisme impérial et qui n'est pas formellement abrogée.

A l'égard de la formation des tableaux d'avancement, on la confierait à des commissions spéciales, composées des chefs les plus recommandables, commissions qui, au besoin, formeraient des cours d'honneur pour repousser des corps ceux qui seraient justement flétris par leurs camarades, pour des actes qu'on ne peut déférer aux tribunaux. Ces tableaux, auxquels on donnerait la plus grande publicité, et dont chacun aurait la faculté de relever les erreurs, contiendraient l'indication des services et des titres de ceux qui s'y trouveraient portés, tels que les titres résultant des examens, concours et élections que nous venons de proposer. (1)

Voilà les véritables moyens d'éclairer Votre Majesté sur les choix qu'elle est appelée à faire, et de la préserver de ces erreurs funestes, de ces passe-droits odieux qui portent dans l'âme de ous les gens de bien le découragement le plus pernicieux à la chose publique. Ce sont là les mesures les plus propres à étouffer ces sollicitations, ces basses intrigues qui introduisent le relâchement et la démoralisation, non-seulement dans tous les ordres de fonctionnaires, de militaires et d'employés, mais encore dans toutes les classes de la société, d'éviter ces scandaleuses

---

(1) L'élection par les pairs, dans l'armée, remonte à 1790. On doit la considérer comme l'un des principaux mobiles de toutes les actions généreuses des premières campagnes de la révolution. Ce mode d'avancement nous paraît propre à former la plus forte barrière qu'on puisse opposer à la faveur. Quels sont aujourd'hui les principaux documens que consulte le ministère pour les propositions d'avancement au choix? Les notes des colonels. Mais combien de circonstances particulières, de considérations souvent puisées dans tout autre intérêt que celui du service, peuvent influer sur ces notes, même chez les chefs les plus recommandables? Dans combien de corps n'avons-nous pas vu se glisser les intrigues les plus déplorables, en ce qui touche à l'avancement, et parfois à l'instigation de l'épouse même, ou des femmes qui forment la société habituelle du colonel?

nominations qui, sur la simple volonté d'un
agent ministériel, placent à la tête de l'administration d'un département, au premier rang d'une
cour supérieure, dans un des rangs distingués
de l'armée, dans les emplois supérieurs de l'administration des finances (1), des hommes qui

---

(1) Les pensions militaires ont été jusqu'à ces derniers temps ré-
glées d'après un tarif tellement misérable, que les sous-lieutenans,
les lieutenans et les capitaines, *après trente ans de service*, pouvaient
n'avoir que 350, 450 et 600 fr., c'est-à-dire qu'on leur donnait un
morceau de pain, et encore pour eux seulement et non pour leurs
familles, s'ils étaient assez malheureux pour en avoir. Ce tarif fut
arrêté par une loi qu'on publia pendant que Napoléon était premier consul (8 floréal an XI). Il voulait sans doute empêcher par-
là que les officiers ne fussent tentés de se retirer lorsqu'ils étaient
encore propres à la guerre. Mais après les campagnes immortelles
d'Austerlitz, de Iéna et de Friedland, reconnaissant tous les services
qu'avait rendus la grande et véritablement grande armée, il assura
d'autres avantages aux militaires de tous les grades, que des blessures, des infirmités ou les fatigues extrêmes des campagnes de la
révolution, obligeaient à quitter les drapeaux.
Les emplois d'inspecteurs généraux, de directeurs, de chefs de
dépôt des haras; de receveurs généraux des départemens, de receveurs d'arrondissement et des villes, de directeurs des postes de
première classe, d'inspecteurs des forêts, les entrepôts généraux
de la régie des tabacs, et dans la proportion de la moitié des
cadres d'organisation, furent spécialement affectés aux officiers
supérieurs et subsidiairement aux capitaines. Des emplois d'un
rang inférieur furent réservés aux autres officiers, aux sous-officiers
et même aux soldats, fussent-ils illettrés; enfin, aux veuves et aux

n'avaient aucun titre pour obtenir de pareilles distinctions ou de tels avantages, et dont l'apparition est le sujet d'un mécontentement universel.

Peut-être, observera-t-on encore, toujours dans l'intérêt supposé de cette prérogative dont Votre Majesté est censée exercer les droits; peut-être des lois semblables la priveraient des ressources que peuvent offrir les grandes capacités... Mais, d'abord, ces grandes capacités sont des exceptions infiniment rares. Cette considération ne saurait

---

orphelins des militaires de tous grades. (*Décret du 8 mars 1811.*)

Depuis la restauration, ces dispositions consacrées à-la-fois par la justice et la reconnaissance, et qui devaient servir, sans aucune charge pour l'état, à acquitter la dette immense de la patrie envers ses défenseurs ont été totalement mises de côté; et par suite de cette infraction à des promesses solennelles, on a vu de malheureux officiers, couverts de blessures, *réduits à implorer la charité publique*, tandis que des jeunes gens à peine âgés de vingt-cinq ans, sans avoir rendu de services, sans aucune espèce de titres, étaient pourvus de toutes les grandes places de la finance, et nageaient dans le luxe et la richesse..... Nous avons entendu nous-mêmes, il y a peu d'années, dans une réunion, l'un de ces favorisés, qu'à l'âge de vingt-cinq ans on avait affligé d'une recette générale dont le produit était de 40,000 fr., dire tout en se pavanant et devant un officier-général couvert de blessures qui, après vingt-cinq ans de service, se trouvait réformé avec un traitement de 2,000 fr., qu'il avait débuté par ce petit emploi, et qu'il espérait bien dans quelque temps obtenir une recette générale de deuxième classe.

donc être assez puissante pour balancer les désa-
vantages sans nombre que présentent les nominations arbitraires. Ne voit-on pas, d'ailleurs,
qu'il ne saurait être ici question du choix de
Votre Majesté, quant à ses conseillers intimes,
quant aux généraux en chef, aux agens diplo-
matiques et autres dignités pour lesquelles de
hautes capacités sont véritablement indispensa-
bles, surtout dans la forme du gouvernement
actuel. N'est-il pas évident ensuite, que du moment où chacun acquerra l'assurance de voir ses
efforts couronnés par le succès, du moment où
des lois positives garantiront imprescriptiblement
à chacun le prix de son zèle, de son instruction
et la récompense de ses travaux, il surgira bientôt des hommes éminens dans toutes les carrières. Pour citer un exemple, entre mille qu'on
pourrait choisir, si l'on supposait, qu'en vertu
de ces lois, les préfets dussent être nommés par
le roi, entre ceux des sous-préfets ou conseillers
de préfecture ayant un certain nombre d'années
d'exercice dans leurs fonctions, et que des examens ou concours auraient signalés comme pos-
sédant, à un degré très éminent, une instruction
solide, jointe à la connaissance des lois civiles et
administratives, de la statistique, de l'économie
politique, etc., des formes si nombreuses, si
variées, et pourtant si nécessaires de l'adminis-

tration, le talent de s'exprimer et l'art d'écrire, etc., etc.; serait-il permis de douter qu'à l'instant, chacun de ces fonctionnaires ne rivalisât d'efforts pour l'emporter sur ses compétiteurs, et que cette généreuse émulation ne fût une source de biens pour la patrie; et qu'ensuite les hommes doués de capacités notables n'accourussent en foule pour entrer dans une carrière où ils auraient la garantie formelle de tels avantages? L'intelligence et l'activité que les hommes déploient dans toutes leurs entreprises ne sont que la suite des succès qu'ils espèrent du fruit de leurs travaux. Elles s'éteignent là où cette perspective s'arrête.

Pour parcourir avec distinction la plupart des branches de la carrière administrative, civile ou militaire, il faut des études spéciales, souvent arides et très fastidieuses, et des connaissances très variées dont l'acquisition n'offre souvent que fort peu de jouissances à l'esprit, et dont on ne saurait être dédommagé que par la garantie formelle d'avantages signalés. Il en est ainsi de la carrière des tribunaux, de l'enseignement, et de quelques-unes des branches de la profession des armes où l'on ne peut acquérir de l'éclat qu'au moyen d'études profondes auxquelles la vie entière d'un homme est à peine suffisante. On ne saurait donc mettre trop de recherches à

stimuler le zèle de ceux qui se livrent à ces études, au lieu de les décourager, comme il arrive
si souvent, en leur préférant des hommes qui,
sous des dehors brillans, cachent une profonde
ignorance ou une inexpérience complète des détails qu'il leur est essentiel de connaître, et qui,
en les supposant même doués de quelque instruction, ne sauraient jamais remplacer ceux
dont les études spéciales et tous les efforts ont été
constamment dirigés vers l'acquisition des talens
nécessaires à leur profession ; en leur préférant
aussi quelquefois des hommes dont les services
qu'on veut récompenser sont tout-à-fait étran-
gers à ceux de la carrière où on les introduit,
et en privant par-là d'un avancement mérité
ceux qui se trouvent dans un rang immédiate-
ment inférieur. (1)

Que si l'on insistait sur les difficultés que peu-

______

(1) Cet abus des plus révoltans, tranchons le mot, cette prévarication, qui éteint toute émulation dans les corps, se renouvelle
fréquemment ; et nous pourrions en citer de nombreux exemples.
Tous les jours on voit des personnages du premier rang, abuser
de leur influence pour faire obtenir des distinctions et de l'avancement à des fonctionnaires ou employés, à raison de services qui
leur sont tout-à-fait personnels, ou qui n'ont absolument rien de
commun avec les emplois ou fonctions exercés.

vent offrir des lois semblables, nous répondrions que l'état actuel des opinions en France, et les principes consacrés par le pacte social, les réclament impérieusement ; qu'il n'est aucune difficulté qu'on ne parvienne à vaincre, quand on a une volonté ferme et que la bonne foi préside aux résolutions (« Impossible ! disait Napoléon, je ne connais pas ce mot-là »); que déjà des gouvernemens voisins ont tenté de semblables essais et en ont recueilli d'excellens fruits. (1)

Sire, fermez l'oreille à toutes les insinuations qui tendraient à vous détourner de pareilles institutions, et qui prouveraient plus d'aveuglement que de bonne foi dans vos conseillers, car leur intérêt bien évident ne serait-il pas de les provoquer eux-mêmes, comme une barrière utile, indispensable contre ce chaos de sollicitations et d'intrigues dont ils sont constamment circonvenus et qui les obsèdent en tous lieux,

---

(1) En Prusse, où toutes les distinctions étaient le partage exclusif de la noblesse, une foule de débouchés ont été ouverts aux sous-officiers, depuis les désastres de 1807. Dans certaines armes les lieutenans subissent un examen pour devenir capitaines et ceux-ci doivent en subir un second pour devenir majors. Dans l'armée hanovrienne tous les grades sont donnés après quatre ans de service dans le grade inférieur, à la capacité constatée par examen.

à la cour, à la ville, dans le cercle de leurs amis,
et jusqu'au sein de leurs familles?..... n'écoutez
que la voix de la patrie souffrante et éplorée,
conjurant en vain ses enfans de mériter par leur
dévoûment et leurs services, les biens qu'elle
leur destine, au lieu de se les arracher par la
ruse ou la violence; et si le malheur des temps,
dont nous n'avons cependant tracé qu'une légère ébauche, ne suffisait pas pour porter la
conviction dans votre âme, que Votre Majesté
reporte ses souvenirs sur les grandes leçons que
présente l'histoire, et celle des derniers règnes
en particulier; elle y verra les mêmes causes toujours produire les mêmes effets. Elle verra que
l'un de ses prédécesseurs, ce prince à qui la pos-
térité conteste l'auguste nom que lui décernè-
rent les contemporains, ne fut véritablement
grand que dans le court espace de temps, où te-
nant les rênes de son gouvernement d'une main
ferme, et faisant respecter les lois de la justice
distributive, il veillait soigneusement à ce que
les grands intérêts de la patrie ne fussent confiés
qu'aux mains les plus dignes de les défendre :...
Bientôt cette grande auréole de gloire s'effaça en
entier, quand l'âme du prince, affaiblie bien
avant le temps marqué par la nature, eût passé
tout entière dans celle de ses tristes conseillers :
elle verra que les longues saturnales du règne

suivant, où depuis le sacre du misérable Dubois, jusqu'à la nomination du nègre Zamore , tous les scandales, quant à la distribution ou plutôt prostitution des emplois, furent audacieusement donnés, imprimèrent à la France malheureuse des taches ineffaçables, et semèrent, en étouffant dans le cœur des sujets tout sentiment d'affection pour le souverain , et relâchant tous les liens du corps social, le germe d'une révolution terrible..... Elle verra enfin un prince modeste, généreux et humain, montrer combien est impuissante pour arrêter les débordemens d'une cour corrompue, la vertu sur le trône quand elle n'est pas appuyée par de bonnes institutions et une forte volonté.

Que si de tels abus ont eu des conséquences aussi déplorables pour les destinées de la patrie sous l'ancienne monarchie où des préjugés qui remontaient presque aux premiers jours de son berceau, faisaient considérer la possession des emplois comme le domaine en quelque sorte exclusif de la classe privilégiée, et dans cette période de temps où l'on pensait que le souverain avait seul le droit de répandre des grâces, et avant que la révolution eût consacré les grands principes de l'égale répartition des charges et des avantages, nul doute qu'aujourd'hui où chacun a la conscience de ses droits, le maintien d'un

système aussi pernicieux n'eût des conséquences
encore plus déplorables.

Sire, Votre Majesté, par ses principes philan-
thropiques, s'est placée au-dessus de tous les sou-
verains de son temps; l'époque de son élévation
sur le pavois sera celle d'une ère immortelle et
glorieuse pour la France entière, et de bonheur, même pour tous les peuples civilisés. Mais
la régénération politique, si héroïquement ac-
complie par la grande nation, ne saurait être
durable et ne s'appuierait que sur des bases
bien fragiles, si la régénération morale ne venait
la fortifier. C'est à vous qu'il appartient de con-
sommer ce grand œuvre et de joindre cette gloire
nouvelle à toutes les gloires que vous avez justement acquises.

Cette régénération morale, Sire, rien ne saurait y contribuer autant que des institutions qui
auront pour but d'exciter dans tous les rangs,
dans tous les états, une noble émulation de talens, de courage, de zèle et de probité; de former entre tous les membres de la grande famille
une chaîne de devoirs commandés par l'estime
de soi-même et des autres, et par la reconnaissance envers le prince et la patrie..... Le plus par-
fait des gouvernemens est sans contredit celui
où les dignités sont toujours conférées aux plus

vertueux, disait, il y a plus de deux mille ans, un sage illustre (1). Cette vérité, de tous les temps et de tous les lieux, est devenue un axiome pour l'universalité des hommes qui pensent, du moment où le prestige des noms a été renfermé dans les limites qu'il ne doit plus franchir; depuis que chaque citoyen, en mesurant l'étendue de ses devoirs, s'est aussi pénétré des sentimens de ses droits.

Sire, il ne faut pas en douter, Votre Majesté faisant de cet axiome la base de son gouvernement, bientôt la France en recueillera d'immenses bienfaits, et celui qui dès son avènement au trône fut salué du titre de restaurateur de la liberté et de père de la patrie, y joindra le titre non moins glorieux de restaurateur de la morale et de la justice.

---

(1) Pittacus.